मैं कुछ लिखना चाहता हूँ

मैं कुछ लिखना चाहता हूँ

विनय तिवारी

वाणी प्रकाशन

वाणी प्रकाशन

4695, 21-ए, दरियागंज, नयी दिल्ली 110 002

फ़ोन : +91 11 23273167 फ़ैक्स : +91 11 23275710

शाखाएँ

अशोक राजपथ, पटना 800 004, बिहार

कॉफ़ी हाउस कैम्पस, महात्मा गांधी मार्ग, इलाहाबाद 211 001, उत्तर प्रदेश

महात्मा गांधी अन्तरराष्ट्रीय हिन्दी विश्वविद्यालय, वर्धा 442 001, महाराष्ट्र

सुल्तानिया रोड, मोतिया पार्क, भोपाल 462 001, मध्य प्रदेश

www.vaniprakashan.com
marketing@vaniprakashan.in
sales@vaniprakashan.in

Main Kuchh Likhna Chahta Hoon
by Vinay Tiwari

ISBN : 978-93-5518-032-2
Poetry Collection

प्रथम संस्करण 2022

मूल्य : ₹ 199

आर. टेक ऑफ़सेट प्रिंटर्स, दिल्ली-110032 में मुद्रित

वाणी प्रकाशन का लोगो मक़बूल फ़िदा हुसेन की कूची से

समर्पण

इस कृति को मैं पुलिस के अपने उन सभी साथियों को समर्पित करता हूँ जिन्होंने कर्तव्यपरायणता के आगे अपने प्राणों की आहुति दी।

हर साल देश भर के पुलिस बलों से लगभग 400 साथी अपने प्राणों को न्योछावर करते हैं, मातृभूमि को अपना शीश समर्पित करते हैं। उन सभी योद्धाओं, वीरों, राष्ट्र भक्तों को मेरा नमन।

नैसर्गिक योगदान

स्वाभाविक रूप से पुण्यभूमि मेरी जन्मभूमि ग्राम भैलवारा जनपद–ललितपुर (बुन्देलखण्ड, उत्तर प्रदेश) और कर्मभूमि (बिहार) से मिले दर्शन से इस पुस्तक में छपी सभी कविताएँ सिंचित हुई हैं। कुछ कविताएँ बेतवा के तट पर लिखी हैं तो कुछ गंगा के घाटों की सैर करते समय लिखी गयी हैं।

आध्यात्मिक प्रेरणा

पिताश्री ओम प्रकाश तिवारी और माँ श्रीमती सुषमा तिवारी इस पुस्तक में लिखी पंक्तियों के पीछे की आध्यात्मिक चेतना हैं। माता और पिता ने मुझे गर्भकाल से अब तक जो सिखाया है उसका इन पंक्तियों के हर एक शब्द और उस शब्द के नाद में ध्वनित होना सुनिश्चित है।

विशेष योगदान

इस पुस्तक के संकलन में बड़े भाई स्वप्निल तिवारी, गौरव पाठक, पीयूष अग्निहोत्री, रमाकान्त तिवारी, मित्र मुन्ना पाण्डे, मित्र भरत लिटोरिया का अभूतपूर्व योगदान रहा है। आप सभी इन कविताओं का संकलन करने के लिए लगातार प्रेरित करते रहे साथ ही आपके सान्ध्यि में लगातार बौद्धिक विकास होता रहा।

विशिष्ट योगदान

बड़ी बहन अनामिका तिवारी पाठक और साथ ही धर्मपत्नी वैशाली पिछले कई सालों से मेरे लेखन कार्य को लगातार बढ़ावा देती रही हैं। इस पुस्तक को संकलित करने में वैशाली ने मुझे सुप्त अवस्था से जाग्रत अवस्था तक पहुँचाने में विशिष्ट योगदान दिया है।

विचार संग्रह

लिखना तो मैं चाहता था ठीक उसी समय से जब से पढ़ना प्रारम्भ किया था। क्यूँकि पढ़ना कभी अकेला नहीं आया था। भारी–भरकम शोर और उथल–पुथल के साथ आया था। जब–जब एक पंक्ति पढ़ता था तब–तब मस्तिष्क भारी हो जाता था। जो मैंने पढ़ा, उसे जिसने भी लिखा, उसने उसे वैसा क्यूँ लिखा वो उससे आगे या उसके अन्दर भी कुछ और कहना चाहता है क्या? जो पढ़ा है वो और कैसे विस्तृत हो सकता है, उसको उसकी सम्पूर्णता में कैसे समझा जा सकता है। इस प्रक्रिया के बाद जितना भी समझ आता था उस समझ को एक नयी पंक्ति के रूप में उकेरने का मन करता था। जैसे–जैसे जो भी पढ़ता चला गया वो सब इसी तरह अनगिनत नये विचारों को जन्म देता गया।

हर पढ़ी पंक्ति मन–मस्तिष्क के किसी कोने को अशान्त कर देती थी। जैसे एक चूहा किसी कमरे को अशान्त कर देता है। पर नियम तो वही है, प्रकृति का नियम। आने का और जाने का। अशान्ति के बाद शान्ति का। जैसे अशान्त बादल बरस कर शान्त होते हैं वैसे ही अशान्त मन भी बरसता है। शब्दों के रूप में बरसता हैं। जितनी भयानक आग होती है उतनी ही तीव्र बरसात होती है। ये शाब्दिक वर्षा कक्षा 10 के दिनों से शुरू हुई थी। पर तब वाणी तक ही सीमित थी। समय के साथ–साथ धीरे–धीरे स्याही के उपयोग तक आयी।

चूँकि बरसात अलग–अलग समय पर अलग–अलग कारणों से हुई है इसलिए शब्दों का संग्रह विविध है। शैली भी बदलती रही है। उद्देश्य कभी लिखना नहीं रहा, उद्देश्य रहा अशान्ति से पार पाने का। और उसमें जो भी बरसता रहा वो लिखता रहा। शुरुआती दौर में जो अशान्ति कुछ पढ़ने से होती थी धीरे–धीरे वो देखने, घूमने, सुनने और लोगों से मिलने से भी होने लगी। जितना देखा, जितने लोगों से मिला, जितनी नयी नयी जगहें घूमीं वो सब कहीं–न–कहीं शब्दों में संग्रहित होता रहा। ये संग्रह पुराना भी है और नया भी है। पुराना इसलिए क्योंकि पिछले कई वर्षों से लिखा जा रहा था और वर्तमान के नये अनुभवों ने, जीवन–यात्राओं ने, नये–नये लोगों से मिलने और नयी जगहों को समझने के जो अवसर पैदा किये उससे कुछ नवीन स्वर भी मिले ही होंगे।

शुरुआत सिर्फ़ लिखने से की थी पर लिखते–लिखते बोलना सीख गया था। अपनी लिखी हुई पंक्तियाँ मैं किसी को पढ़ाना नहीं चाहता हूँ, मैं तो उसे सीधा सुनाना चाहता हूँ। पाठक को श्रोता बनाना चाहता हूँ। जहाँ मेरा और पाठक का संवाद सीधा और स्पष्ट हो। वो मेरे लिखे को पढ़े नहीं सीधा सुने। ये सम्बन्ध लेखक और पाठक से आगे निकल कर वक्ता और श्रोता का हो।

शायद इसलिए बहुत कुछ वार्तालाप शैली में भी लिखता रहा हूँ। क्योंकि जब लिख रहा होता हूँ तो किसी से जैसे बात कर रहा होता हूँ। किसी को कुछ बता रहा होता हूँ। लिखते–लिखते संग्रह बढ़ता गया। तब कुछ पारिवारिक मित्रों ने इसको पुस्तक का रूप देने की चर्चा की। मेरा तो अब भी मन है कि मैं आपको सारी कविताएँ सुनाऊँ न कि आपसे पढ़ने का कष्ट कराऊँ। परन्तु सरकारी सेवा में होते हुए कविता सुनाने के अवसर मिलना कठिन है इसलिए अन्ततः पारिवारिक मित्रों की घरेलू सलाह मान कर इस संग्रह को प्रकाशित करने का मन बनाया।

समस्त लिखा हुआ तो कहीं–कहीं बिखरा हुआ था। उसको उठा कर एक जगह करने में एकता की ताक़त का अहसास हुआ। जो अब तक अलग–अलग कविताएँ थीं अब वो एक पुस्तक के रूप में दिखने लगी थीं। एक होकर भी पुस्तक का कोई एक नाम देना सम्भव नहीं हुआ। क्योंकि यह एक संग्रह है अलग–अलग समय पर लिखी हुई विविध शैली की कविताओं का। इन सभी कविताओं में आपसी सम्बन्ध बस इतना है कि वे सभी इस पुस्तक का हिस्सा हैं। इस पुस्तक की सारी कविताओं के जन्म का एक ही कारण है और वो ये है कि "मैं कुछ लिखना चाहता हूँ"। इसलिए अन्ततः पुस्तक का शीर्षक भी वही उचित लगा।

प्रकाशन के लिए दिया हुआ भी यह मेरा पहला संग्रह होगा। लिखना मैंने बहुत ही निजी कार्य समझा है। जो मेरे व्यक्तित्व के बहुत निकट है। मैंने कभी भी किसी पुस्तक के प्रकाशन या अन्य किसी और उद्देश्य से नहीं लिखा है। बस लिखने के लिए लिखा है। ना उससे ज़्यादा न उससे कम। क्योंकि ये शब्दों की बरसात जब हो जाती है तो उससे मिलने वाली शान्ति मेरी अपनी होती है उससे सिर्फ़ और सिर्फ़ मुझे लाभ होता है और उस शान्ति में रमने का अद्‌भुत आनन्द प्राप्त होता है।

व्यापारिक या वाणिज्यिक लाभ से लेखक और प्रकाशक अछूता नहीं रह सकता पर लेखन रह सकता है। ये लेखन वित्तीय स्तर पर कहाँ तक जायेगा यह सोच कर ये लेखन नहीं हुआ है। कहीं जाये या ना जाये। ये सिर्फ़ विशुद्ध आत्म शान्ति के लिए लिखा हुआ कार्य है। सरकारी सेवा उसमें भी पुलिस सेवा में होते हुए इसको संग्रहित करना थोड़ा कठिन तो था। पर हो गया। चूँकि मुझे सरकारी वेतन मिलता है इसलिए इस लेखन से मुझे बहुत कुछ धन राशि अर्जित करने की आवश्यकता नहीं है। पर ऐसा सभी लेखकों के लिए सही नहीं हो सकता है। राष्ट्र को लेखकों की ज़रूरत होती है इसलिए ये राष्ट्र को ही तय करना

होगा कि वो अपने मातृभाषा में रचना कर रहे लेखकों को कैसे पालेगा, कैसे पोसेगा।

मेरी अपनी वित्तीय स्वायत्तता और पुलिस सिपाहियों से घनिष्ठता और उनके प्रति आदर व सम्मान के चलते मैंने अपने पहले संग्रह को बिहार पुलिस के उन वीर बलिदानियों को समर्पित करने का निर्णय लिया है जिन्होंने अपनी कर्तव्य परायणता की रक्षा के निमित्त अपने प्राणों की आहुति दी है। प्रकाशक को पहले ही सूचित कर दिया गया है कि लेखक के हिस्से की जो भी धनराशि जब–जब आयेगी वो उसे सीधे हमारे वीर बलिदानियों के खाते में (खाता संख्या सहित सारी सूचना प्रकाशक के साथ साझा की गयी है) स्थानान्तरित करते रहेंगे। वीरगति प्राप्त पुलिसकर्मियों के हम सब ऋणी हैं, जिस व्यवस्था के हम सब हिस्सा हैं उस व्यवस्था को अक्षुण्ण रखने के लिए जिन्होंने प्राणों का त्याग किया हो ऐसे राष्ट्र रक्षकों के चरणों में अपनी यह पहली पुस्तक समर्पित करता हूँ।

पुस्तक का प्रारूप संग्रह है साथ ही यह कथात्मक भी नहीं है। यह अलग–अलग अनुभूतियों का संगम–सा है। मुख्यतः इसमें तीन–चार धाराएँ प्रबल हैं। प्रकृति का वर्णन उनमें से एक है। इसमें सुबह के सूर्य से शुरू होकर नदियों, जलाशयों के आपसी सम्बन्ध, पर्यावरण में हो रही भौतिक घटनाओं पर वैज्ञानिक दृष्टिकोण से विवेचना है। जीवन सतत संघर्ष है, जीवन उस दिये जैसा है जिसे हमेशा जलना है बरसात में, धूप में, रात में, आँधी में, अँधियारे में, उजियारे में। इसी मन्त्र के साथ कई कविताएँ निकली हैं। जीवन ज्वाला को जलाने वाली ये कविताएँ वस्तुतः मेरे बहुत निकट हैं। किसी समय स्वयं को प्रेरणा देने के लिए लिखी थीं आज आप पढ़ेंगे तो उस जीवन ज्वाला की प्रेरणा और बिखरेगी और दूर तक जायेगी। किसी को प्रेरित करेगी किसी को उत्सुक करेगी।

अपनी प्रकृति में रहते हुए जीवन ज्वाला जगाते हुए हम एक बड़े सामाजिक परिवेश का हिस्सा होते हैं। समाज के विभिन्न वर्गों को देखा था तो उनके हर्ष और उनके कष्ट को भी लिखा। धार्मिक उन्माद को देखा तो उस पर टिप्पणी की। कोरोना जैसी वैश्विक महामारी जिससे पूरी दुनिया प्रभावित रही तो उस पर विजयश्री की कल्पना को शब्दों में उकेर दिया। इस सब के बीच अन्तर्मन का मनन बीच–बीच में ज़ोर पकड़ता रहा और जीवन को विभिन्न दृष्टियों से गोचर करता रहा।

अभी तक जो लिख पाया वो पूरा संग्रहित नहीं हो पाया है। पर जितना हुआ उससे इस पुस्तक का निर्माण सुनिश्चित अवश्य हो गया है। भारतीय पुलिस सेवा में आने के बाद लिखना बहुत कठिन तो हुआ है पर असम्भव नहीं हुआ। दूसरी दृष्टि से देखा जाये तो यह कहना भी अतिशयोक्ति नहीं होगी कि सेवा में आने से अलग दर्शन भी मिला है चीज़ों को देखने का, समाज को समझने का। लिखने–पढ़ने का यह सिलसिला यूँ ही चलता रहे। ग़लत और सही देखने से मन में अशान्ति होती रहे, सोच के बादल गरजते रहें और शब्दों की बरसात होती रहे।

लिखने, पढ़ने, सुनने और सुनाने का सिलसिला यूँ ही चलता रहे।

आपका प्रिय

विनय ओम तिवारी

अनुक्रम

प्रातःकाल

ये उगता सूरज
ये बिखरती किरण
पड़े धरा पर
ऊर्जा के प्रथम चरण।

ये चहकती भोर
ये नाचते मोर
सूर्य ऊष्मा पर सधता
जन जीवन का शोर

ये व्याकुल सजीव
ये चिरशान्त निर्जीव
विकिरित विघटित प्रभा पर
सजता नवस्पन्दन का नींव

ये रुकी–रुकी–सी चलती पवन
ये थमा–थमा–सा बहता गगन
वायु पृथ्वी आकाश पर
सूर्य प्रकाश का नव अंकुरण

ये उथला–उथला–सा समुद्र गहन
ये सिमटी–सिमटी–सी वसुधा अनन्त
चर अचर जड़ चेतन पर
फैला अविरत सौर विकिरण

हमें आगे ले जाना है

विषमताओं से भरी दुनिया है
समता को अमल में लाना है

विचारों से जनित मतभेद हैं
विवेकों (विवेक) से सुलझाते रहना है।

विविधताओं से युक्त प्रकृति है
एकता से जोड़ते रहना है।

पुरखों ने यहाँ पहुँचाया
हमें आगे ले जाना है

है थोड़ी–सी बेहतर दुनिया
थोड़ा और बेहतर बनाना है

विभिन्नताओं से होता सुशोभित जीवन है
समानताओं को खोजते रहना है।

कुटिलताओं से भरा व्यवहार है
निश्छलताओं से मन जीतते जाना है।

विफलताओं से भरा रास्ता है
सफलताओं के मील गाड़ना है।

पुरखों ने यहाँ पहुँचाया
अब हमें आगे ले जाना है

है थोड़ी–सी बेहतर दुनिया
थोड़ा और बेहतर बनाना है

जटिलताओं से भरी ये सृष्टि है
सरलताओं से समझते रहना है।

समस्याओं में उलझती कहानी है
समाधानों से करते गुज़रना है।

दुर्गमताओं में पलना पोसना है
सुगमताओं को नकारते रहना है।

पुरखों ने यहाँ पहुँचाया
अब हमें आगे ले जाना है

है थोड़ी–सी बेहतर दुनिया
थोड़ा और बेहतर बनाना है

नकारात्मकताओं में रोता माहौल है
सकारात्मकताओं से जगाते हँसाते चलना है।

कुरीतियों में जकड़ी ज़िन्दगियाँ हैं
सुधारों से उन्हें मुक्त कराना है।

दुर्भावनाओं से ग्रसित होते सम्बन्ध है
सद्भावनाओं से प्रेरित करते रहना है।

पुरखों ने यहाँ पहुँचाया
अब हमें आगे ले जाना है

है थोड़ी–सी बेहतर दुनिया
थोड़ा और बेहतर बनाना है

झंझावातों में जूझता अस्तित्व है
आध्यात्मिकता से पार पाना है

चक्रव्यूहों में फँसा कुशल योद्धा है
रणनीतियों से भेदते जाना है

विकारों से प्रताड़ित नश्वर शरीर है
उपचारों से निदान पाना है

पुरखों ने यहाँ पहुँचाया
अब हमें आगे ले जाना है

है थोड़ी–सी बेहतर दुनिया
थोड़ा और बेहतर बनाना है

विवादों से घिरी व्यवस्था है
विवेचनाओं से विश्वास जगाना है

विपत्तियों के टूटते पहाड़ हैं
योजनाओं से रास्ते बनाना है

विषादों से ग्रसित मन है
विनोदों (विनोद) से हर्षित होते रहना है।

है थोड़ी–सी बेहतर दुनिया
थोड़ा और बेहतर बनाना है

पुरखों ने यहाँ पहुँचाया
अब हमें आगे ले जाना है

मज़दूर पीड़ा

पथ विपथ विपत्ति पर है धीर प्रण
कौशल कर्म से विपुल चरण
निःशब्द प्रशमित से भाव पाषाण
दुर्गम पर्वत जलधि सब धरण।

न धन न वैभव बस पथ पर वीर
उद्घोष सुने ये सृष्टि सकल
जगमग जग सारा जागे
व्यर्थ विकल सब शीश झुके

कीर्ति कुशल अमंगल जीवन
शिथिल शरीर पर मन यौवन
निर्निमेष देखते सब मन ज्ञान
सोचते निश्चेष्ट भूत भविष्य वर्तमान

संज्ञा मन में क्रोध की
जिह्वा पर फिर भी सरोज
मूल्य परम्परा संस्कार श्रेष्ठ
उत्साह ऊर्जा संकल्प कठोर

हो रही घटा की वर्षा हो।
हो चाहे अम्बुज का अम्बार
निश्चय किया जब तो
धरा पर ढालेंगे स्वर्ग बारम्बार।

अरे नहीं चाहिए मुझे तेरा
ये दो कौड़ी का सम्मान
मैं तो बनाता कीर्ति अपनी
इन चौखट की रीतियों पर।

जा लगा सके तो लगा
प्रतिफल तू मेरे परिश्रम का।
ना हुई जग में विभूति इतनी
ख़रीदेगी निश्चल श्रम जो मेरी।

ना अभिलाषा है ना जिज्ञासा है
अमूर्त–सी मेरी मूरत बरसी, पर
सुन कह दे तू उन काँटों से
जो रोक सकें ना पथ मेरा
ज्वालाओं को बुझाता है
अंगारों पर पला ये पग मेरा।

जिन पर बरसे निज अनल क्रोध का
जटिल कुटिल सी बुद्धि जिनकी
उन मतवालों से कह देना
जीवन उनका ना धूल बराबर
मैं तो फिर भी अपने मन का राजा।

सृजन करता जब भी मैं हूँ
सुख त्याजता तभी उसी का।
ख्याति जगत में नहीं रहेगी
जिसको जन्मा और सजाया
भोगूँ में रस क्या उसी का।

गणित और जीवन

गणित ने संख्याएँ दीं
संख्याओं के समूह दिये
जोड़ने घटाने गुणा भाग
जैसे नये–नये दृष्टिकोण दिये

वास्तविक और प्राकृतिक
का अन्तर सिखाया
भिन्नताओं को भिन्न के
माध्यम से दिखाया

पूर्ण की परिभाषा बताई
पूर्ण से परिमेय की उत्पत्ति दी
अनन्त के दोनों छोरों को बाँधा
पूर्ण को सम्पूर्ण करना सिखाया

जो अपरिमेय है
वह भी वास्तविक है
उसका भी अस्तित्व है
वास्तविकता का भी विस्तार सम्भव है

वास्तविक में काल्पनिक
जोड़ना सिखाया
उसके परे समिश्र बनाया
कल्पना को ध्रुव पर उतारा

प्रमाण माँगना सिखाया
प्रमेय बनाना सिखाया
स्वयंसिद्धों और तर्कों
से जीवन सिद्ध कराया

सिद्धान्तों का निर्माण कराया
जीवन में उनकी ज़रूरत बताई
विश्लेषण करना सिखाया
प्रश्न के निष्कर्ष तक पहुँचाया

अनन्त की कल्पना दी
कल्पना को अनन्त तक पहुँचाया
संख्याओं को संरचनाओं
में बदल के दिखाया

संरचनाओं ने पूरा
आकाश समझाया
ग्रहण का लगना देखा
वर्ष की सीमा निर्धारित की।

हम नाप सकते हैं
हम माप सकते हैं
इस सोच की ताक़त
गणित ने बनायी

कितना भी दूर हो मेरा लक्ष्य
कितनी भी बाधाएँ क्यों ना हों
हम लक्ष्य का रास्ता
उसकी दिशा दूरी निर्धारित करेंगे

योजना बनायेंगे
समकोण का उपयोग करेंगे
आधार मज़बूत करेंगे
लम्ब को कर्ण से भेद देंगे।

ज्या ने पूरी
ज्यामिति का भार लिया
बिन्दु से रेखा
रेखा से भूतल
भूतल से लेकर घन
जैसे ठोस तक पहुँचाया

सम्पूर्ण विश्व को
आकृतियों में तोड़ा
आकृतियों के आपसी सम्बन्ध
उनकी संरचना उनमें समरूपता दिखाई

सब कुछ आकृतियों में दिखाया
रेखा, वृत्त, बेलन, शंकु, ठोस, घन से पूरा ब्रह्माण्ड समझाया
गणित ने संचालन सिखाया
नियम की महत्वतता समझाई
क़ानून का पालन कराया
विधि और गणित में सम्बन्ध दिखाया

गणित ने मानना सिखाया
मान्यताओं को आधार दिलाया
पूर्वधारणाओं को तर्क से दिखाया
परिणामों से फलीभूत कराया

गणित ने संख्या पकड़ना
संख्याओं से खेलना
फिर जो होता है
उसको देखना सिखाया

दिमाग़ खोल कर
चीज़ों को जोड़ना सिखाया
संख्या जोड़ते–जोड़ते
कल्पनाएँ जोड़ने की ताक़त दी

अदिश से सदिश बनाया
दिशाहीन होने से बचाया
विषम परिस्थितियों में
उपकरण की तरह काम आया

बौद्धिक खेल की तरह
मन में पनप रही
पहेलियों, समस्याओं और
विरोधाभासों को सुलझाया

वस्तुनिष्ठ और व्यक्तिनिष्ठ
का सम्मिश्रण दिखाया
परिकल्पना और तार्किकता
की सहज विधा बनकर दिखाया

गणित तब भी साथ थी
गणित अब भी साथ है
स्वयं के विकास का साधन
तब भी थी, अब भी है।

प्रकृति का प्रतिबिम्ब

रात्रि का भोर में प्रवेश करना
संक्रमण काल का गुज़रना
सुबह का आना

भूगर्भ में बीज का अंकुरित होना
बीज की झिल्ली का टूटना
जड़ों का मिट्टी में फैलना

पेड़ों का बोलना
पत्तियों का डोलना
पुष्पों का सोचना,
तितलियों का खेलना,
इल्ली का दाने में घुसना
मकड़जालों का बुनना
फूलों का तितलियों के लिए मखमल होना
प्रकृति का ख़ुद को प्रतिबिम्ब में देखते रहना

अपने अन्दर एक आग लगानी चाहिए

अपने अन्दर एक आग लगानी चाहिए
अपने आप को उसमें जलाना चाहिए
जलना टूटना राख बनना
उस राख का मिट्टी में मिलना
ये सफ़र तय करना चाहिए।

अपने अन्दर एक आग लगानी चाहिए
अपने अन्दर एक आग लगानी चाहिए
जो जलाती रहे तन को मन को
वो लौ रह रह के उठती रहनी चाहिए
वो डोम है जो जलाता है उन लाशों को
उस डोम के सोम को अपने अन्दर पालना चाहिए।

वो एक श्मशान है
जहाँ धू धू कर तुमको ज़िन्दा जलना चाहिए
वो राख है जो जल चुकी है
और तुम वो लाश हो जो जल रही है
जल चुकी राख और जल रही लाश का
अन्तर समझना चाहिए
जीवन को मृत्यु और मृत्यु को जीवन
समझना चाहिए।

अन्धता

मेरे लिए तो ये
एक नयी कहानी
एक नयी गणना थी
मृत्यु दबे पाँव सिसक सिसक कर आयी थी
उस सिसक में क़ातिल जुल्मी हैवानी थी
मरना तो सबको था मौत मुझे भी प्यारी थी
बिना जश्न के मरने का मौक़ा मुझे मिला ना था
बन कर लाश रोने का मेरा मन ना था
अन्तःस्थ के अन्तिम घाव का विषाद भी मेरा था
मृत्यु तो सुख है मैंने बस यही सीखा था

जब कुछ कर ना सका
आँसू को उनके रोक ना सका
फिर मैं जी भर चिल्लाया
ख़ुशी को अपनी समेट ना पाया
मैंने कहा मार मुझे तू
चीर कर फाड़ तू
इच्छा पूरी कर ले तू
पायेगा जिस शक्ति को तू

उससे मिलने पहले मैं पहुँच जाऊँगा
सुन, तेरी तरह उसके हाथ ना जोड़ूँगा
उसके नाम पर किसी को ना काटूँगा
मैं तो सीधे तान अपनी
सुर पर उसके साधूँगा

छल कपट किया तूने
क्या महावीर बलशाली है
संयोग है या तेरा ही प्रयोग है
दुष्ट दानव दैत्य है
कहता है तू कि तुझसे मिलने सब आयेंगे
जा नहीं चाहिए तू मुझे
जब न्याय वहाँ मैं ले ना सका
तो अब तेरी चौखट पर प्राण नहीं खटकाऊँगा
चेतना है मुझमें
क्षीण नहीं हुआ हूँ
बस शरीर त्यागा है नष्ट नहीं हुआ हूँ

सह–सह आया क्या–क्या मैं
एक शोर तुझे भी सुनना होगा
विजय का दम्भ नहीं
तन बदन का लोभ नहीं
पूजा तेरी मैं करता था
बस उसी पर मैं रौंदा ना जाता
मरता मारता छिन्न भिन्न कर आता
गर उसने तेरा नाम ना लिया होता
शक्ति रथ पर सवार तू

रक्तरंजित धार तू
तेरे मरण में सबको संशय
कैसे मानूँ कि तू देख रहा था
और देख रहा था तो क्या देख रहा था
अरे कैसे मानूँ कि तू है भी
और है भी तो तू क्या है।

ईश्वर और आत्मा

ईश्वर, उस घबड़ाई व्याकुल मानसिकता को ठहराव देते हैं। उस समझाते है कि तू किसको ढूँढ़ रहा है, कहाँ ढूँढ़ रहा है। तुझमें, मुझमें और उसमें क्या अन्तर है। एक ही स्वरूप है।

मैं क्या हूँ और क्या नहीं हूँ। इसको जानने के लिए तू पहले अपने अन्दर देख। अहम् को जानेगा तो ब्रह्म को भी जानेगा। अहम् को जानने में तू एक यात्रा करेगा।

मैं,
खुले आसमान में हूँ, बंजर ज़मीन में भी हूँ
प्रकाश के उदय में हूँ, ब्रह्माण्ड के अन्त में भी हूँ
महाभीषण तप में हूँ, तो शीतल गंगा में भी हूँ
साँसों के सुकून में हूँ तो अर्थ की स्पर्धा में भी हूँ।

मैं,
जीवन का आदर्श भी हूँ, मृत्यु का यथार्थ भी हूँ।
समुद्र का अमृत भी हूँ, मन्थन का ज़हर भी हूँ
सत्ता के शोर में भी हूँ, मैं चित्त की शान्ति में भी हूँ
यश के सम्मान में भी हूँ, मिथ्या के अहंकार में भी हूँ।

मैं,
धरती के स्वर्ग में भी हूँ, प्रभु के नरक में भी हूँ
नाश के शोक में हूँ, निर्माण के त्योहार में भी हूँ
माँ के गर्भ में भी हूँ, अभिमन्यु के चक्रव्यूह में भी हूँ
सुन्दर आकार में भी हूँ, कल्पना में निराकार भी हूँ
सभी का सृजन भी हूँ, सबका विनाश भी हूँ।

मैं,
कभी संख्या में हूँ तो कभी शब्दों में हूँ।
जटिल समस्या में हूँ, तो सरल समाधान में भी हूँ।
थोड़ा विज्ञान में हूँ तो थोड़ा दर्शन में हूँ।
अजब निश्चितता में हूँ तो ग़ज़ब सम्भावना में हूँ
अगर अध्यात्म में हूँ तो मैं अन्धविश्वास में भी हूँ
कठिन समीकरण में हूँ तो सरल छन्दों में भी हूँ
प्यारी आकृति में हूँ तो सुलझी पंक्ति में भी हूँ
यहाँ ग़रीबी में हूँ, कहीं अमीर भी हूँ
परिवार का कर्ता भी हूँ, राष्ट्रों का धर्ता भी हूँ।
स्वभाव से कार्मिक भी हूँ, इच्छा से कामुक भी हूँ।
विवेक का बेटा भी हूँ, लालची का बाप भी हूँ
वेश्या के जिस्म में भी हूँ तो सन्त की आत्मा में भी हूँ।

मैं,
साहसी निडर हूँ तो मैं डरता भी हूँ।
थोड़ा नीरस हूँ तो थोड़ा रस में हूँ
वस्तु जैसा निर्जीव हूँ तो व्यक्ति जैसा सजीव हूँ।
मैं थोड़ा दृश्य हूँ और थोड़ा अदृश्य भी हूँ।

मैं,
थोड़ा प्रकृति का हूँ थोड़ा सृष्टि का हूँ
मैं थोड़ा और प्रकृति का हूँ। मैं थोड़ा और सृष्टि का हूँ।
मैं तो पूरा प्रकृति का हूँ। मैं सृष्टि का ही तो हूँ
मैं तो सृष्टि ही हूँ। मैं प्रकृति ही तो हूँ।
मैं ही सृष्टि हूँ, मैं ही प्रकृति हूँ।

ये राग बसन्त का समय है!

ये राग बसन्त का समय है
ये भारत वर्ष के त्योहार का समय है।
ये हमारे भूखण्ड के नव वर्ष की शुरुआत का समय है
ये योग से आने वाले परिणाम का समय है।

ये सूर्य के बलशाली होने का समय है।
प्रकृति के मुस्कुराने का समय है
हमारी जननी धरती के स्वयं जन्म देने का समय है
ये राग बसन्त का समय है

शीत की घनी निर्जन रातों के छँटने का समय है।
पेड़ों के सुशोभित होने का समय है
फूलों के खिलने का समय है
हरा भरा जल जीवन होने का समय है
ये राग बसन्त का समय है

प्रकृति के झूमने का समय है
पेड़ों में नव पल्लव आने का समय है
पावन पवन के चलने का समय है
कोयल के गाने का समय है
ये राग बसन्त का समय है

तन में स्फूर्ति
मन में उल्लास
बुद्धि में विवेक
हृदय में चेतना के जागने का समय है
ये राग बसन्त का समय है

निराशा, निष्क्रियता, निरक्षरता, निर्दयिता को मारने का समय है।
दोबारा जागने का समय है।
नयी शुरुआत को शुरू करने का समय है।
नियति पहचानने का ये समय है।
प्रकृति की नियति से मानव के जुड़ने का समय है।
ये राग बसन्त का समय है

छूटे साथी

छूटे साथी रूठे मन से
उठ बैठे जो सोते तन से
दीन दान रहित कामना से
अज्ञान वीरान बैर भाव से

सत्कर्म नहीं किया जाता
सद्ज्ञान नहीं पाया जाता

माथा ठण्डा छाती सिकुड़ी
चौड़ी भुजाओं की मोटाई से
लकवा मारी मनःस्थिति
जिज्ञासा की घोर कमी से
आकाओं की इच्छाओं से

संघर्ष नहीं किया जाता
द्वन्द्व नहीं पाला जाता

आशाओं पर चढ़ अभिमानी
ताने कमान तू अपमान से
तत्त्व पूछता है रण में तू
किया अनर्थ हो जहाँ अर्थ से

कपि अल्पित हो
जब कुशल कर्म से
फल फूल रहे
दम्भ अहंकार से

युद्ध नहीं लड़ा जाता
वीर नहीं बना जाता

सरपट सरपट काल कुपित हो
रेगिस्तान की तपती रेत सा
बुद्धि विवेक ना महान साहस
ना निर्भय है ना शैली समर की
ना नसें रौंदता रक्त तुम्हारा
व्याघ्र चीर दे जिस हृदय को
छल कपट की कौंध धार से

विजयी नहीं बना जाता
बड़ा नहीं बना जाता

महामारी 2020

सह पीड़ा प्राण
है तन–मन का अभंग संग

भीष्म शर
हुए खण्डित, प्रचण्ड

अभिशाप योग,
छूटा प्रलोभ, टूटा घमण्ड

दूषित हुई दृष्टि
निन्दित हुए छन्द

कुयोग घनघोर, विकट विपत्ति
जो चाहती बस रक्त अस्थि
अनभिज्ञ मानव, मन कुपित व्यथित
सूक्ष्मातिसूक्ष्म रोग, प्रकार असंख्य विविध
हुए विफल शास्त्र, हुए शस्त्र आदि अल्पित
हुए अदृश्य चतुर्दिक, हुआ संहार अवैदिक
अपुनीत विपरीत दिक्काल अमांगलिक

व्यक्ति पुरुष शक्ति अचेतन
काँप रहा है थर–थर जीवन
रह–रह उठती सिहरन कम्पन
विष वायु में, विष शरीर में
विष जीव में, विषमय जीवन

जीव विष का युद्ध अपावन
नष्ट विनष्ट खलखल सारा
रक्त रुधिर की झरझर धारा
हलहलाता धरा में हलाहल खारा

लल ललाट पर चीख पुकारता (पुकारा)
डम डम डमरू भीषण नाचता
मरघट मरघट ताण्डव करता
लाक्षागृह जलती, है जगत जलता

है कोलाहल,
है कौतूहल
है चेतना भंग
मानव घर में डूबा
जो था जहाँ
वहीं स्थिर छूटा।

अदृश्य भय
चहुँओर फैला
पीयूष निर्जल
होकर सूखा
फिर विस्मित अपनी
हार देखता
स्तब्ध ज्ञान
अंशुल हारा

अब हो रहा सामना

अब हो रहा युद्ध पाप का पुण्य से
रो रहा मनुज धर्म पर अधर्म से
और हो रहा सामना
कर्म का विधान से,
विवेक का विज्ञान से,
सूक्ष्म का विशाल से
तृष्णा का तृप्ति से
प्रलय का सृष्टि से
ग्रहों का राहुओं से,
गरल का सुधा से
भूत का भविष्य से,
आदि का अन्त से,
अवनी का अम्बर से,
गाँव का शहर से,
अमर का मृत्यु से,
आत्म का परमात्म से,

फिर

शैली बदली धरातल की
तो राह बदली मानव दल की
पल भर में टूटी नभ में फैली
मनुज की लालसा, घृणा घमण्डी

वैद्य वैज्ञानिक रक्षक आरक्षी
नतमस्तक नभ नीर पृथ्वी
अद्वैत द्वैत आत्म परमात्म
भूलोक स्वर्ग पाताल साक्षी।

उन्मुख प्रताप
मन धैर्य धीर

फड़फड़ाता चील सा
अखिल चीड़

भुज भुजंग सी
भुजंगिका लिए वीर

स्पर्श करता शर
प्रत्याशा में प्रवीर

प्रवीर की वीरता
वीर्य सी तीव्र

वीर है कर्म रत
कौशल उसका तूणीर

चेत गयी चेतना
चढ़ गया रंग ढंग
बज गया मृदंग
हो गयी खाक सी
अश्वेत जंग

विष विषाणु कुचल मानव सफल
विकराल काल के अम्बार विफल
दिश दिश नभ ज्योति अचल
दिव्य विजय भाव आया प्रबल

फिर दिव्य विजय भाव आया प्रबल
फिर दिव्य विजय भाव आया प्रबल

कि
चलें विज्ञान से हम महाज्ञान को,
चलें प्रवृत्ति से प्रकृति को,
खोजें मनुज में चरित्र को,
रोकें अवनि के दहन–दोहन को
सोचें, सृजन करें, आविष्कार करें,
नित निरन्तर चमत्कार करें।

होगा
महाज्ञान मानव का सम्पूर्ण तब,
निहित होगा उसमें भूतार्थ जब,
फिर भविष्य का शोध मिले
ईश्वर की दृष्टि खिले
समस्त जीव स्नेह रहें,
अध्यात्म का समावेश रहे,

नाश पर निर्माण का
सर्वदा सर्वथा उद्देश्य रहे।
नाश पर निर्माण का
सर्वदा सर्वथा उद्देश्य रहे।

नाश पर निर्माण का
सर्वदा सर्वथा उद्देश्य रहे।

छोटी-सी ईंट उठाना

जब शाम ढलने लगे
जब अँधेरा छाने लगे
जब ग्रहण पड़ने लगे
जब निशा अमानिशा होने लगे।
तब प्रकाश का एक दिया जलाना।

जब आसपास सब धुँधला दिखने लगे
जब हर समीकरण उलझने लगे
जब चारों तरफ़ अनिश्चितता छाने लगे
तब कहीं दूर स्पष्टता को दिखना।

जब संग क़रीबी खोने लगें
जब देश विदेशी रोने लगें
जब नींव भवन की ढहने लगें
तब एक छोटी–सी ईंट उठाना।

जब अम्बर काला होने लगे
जब सूर्य नीला पड़ने लगे
जब चन्द्र पीला तपने लगे
तब स्वयं धूमकेतु बन जाना।

जब विचार धार कुन्द होने लगे
जब क्रोध की पुकार कौंधने लगे
जब चिन्तन से चित्त हटने लगे
तब भीतर के बुद्ध को जगाना।

जब भू का गर्भ बिखरने लगे
जब प्रलय की आग बहने लगे
जब जीवन की राख छनने लगे
तब सृजन की गंगा बहाना।

जब जल कणों में बिखरने लगे
जब वायु शिथिल पड़ने लगे
जब धरा समुद्र में धँसने लगे
जब आकाश अदृश्य होने लगे
तब जगत संशक्ति जगाना।

जब पाशविक जन पुजने लगे
जब शोणित पय बनने लगे
जब नस्ल मांस चखने लगे
जब प्राण वायु विलुप्त (विलीन) होने लगे
तब ताण्डव का प्रथम सर्ग गाना।

जब वासना विवेक बनने लगे
जब निष्ठुरता कर्म बनने लगे
जब हत्या वीरता बनने लगे
जब मोक्ष बाज़ार में बिकने लगे
तब धर्मयुद्ध छेड़ देना।

जब शव एकाकी चलने लगे
जब सत्य अहिंसा लड़ने लगे
जब क्षणिक जीवन झिलने लगे
जब करुणा क्रीड़ा बनने लगे
तब धीरज की दीर्घ श्वास भरना।

जब अहःम को वहम होने लगे
जब प्राणी प्राणी में भेद होने लगे
जब नर वानर श्रेष्ठ समझने लगे
जब मनुज मनुज को नीच देखने लगे
तब समता का सपना देखना।

जब जग कारा लगने लगे
जब बीज बन्दी बनने लगे
जब कलावा हथकड़ी–सा कसने लगे
जब जलती चिता को पीड़ा होने लगे
तब प्रतिबन्धों को तोड़ देना।

जब कला क्रन्दन करने लगे
जब ज्ञान की गरिमा खोने लगे
जब विज्ञान का ब्रह्म बुझने लगे
तब एक सुन्दर आविष्कार करना।

जब शंख का गुंजन खोने लगे
जब बाँसुरी की धुन टूटने लगे
जब करताल मौन होने लगे
जब डम डम डमरू नाचने लगे
तब ओंकार नाद की अन्तर्ध्वनि सुनना।

जब आँखों के तारे टूटने लगें
जब अपने पराये रूठने लगें
जब पिता पुत्र में फूट होने लगे
तब विश्वास का निश्चय जगाना।

जब समाचार व्यापार करने लगे
जब समाराधन धन अर्जन करने लगे
जब विरासत का भाव लगने लगे
जब संस्कृति समाप्त होने लगे
तब संस्कारों पर सवार रहना।

जब साँस रुखने लगे
जब कण्ठ बैठने लगे
जब रक्त रुकने लगे
जब हृदय आघात होने लगे
तब पंच तत्त्वों (आकाश, वायु, अग्नि, जल, पृथ्वी) को साध लेना।

जब जीवन का अन्त दिखने लगे
जब अजर अमर मरने लगे
जब मृत्यु शीतल लगने लगे
तब नव अंकुरण स्फुटित करना।

जब ब्रह्माण्ड अनन्त सिकुड़ने लगे
जब महासागर प्रशान्त होने लगे
जब मन्दाकिनी धूमिल होने लगे
तब महा विस्फोट की अवधारणा करना।

मज़दूर पूजा

हे मज़दूर!
तुम यहाँ क्यों आये थे
इन पुतलों के लिए
ऐसी अघोर श्रद्धा
कितने विनम्र हो तुम
अनुनय विनय भी नहीं किये।
ये समर्पण कहाँ से लाये हो तुम

हे मज़दूर!
मुझे तुमसे मोहब्बत है
तुम जैसा कोई नहीं है
तुम्हारी चेतना की ऊष्मा
में हमें ज्वार हो जायें
तुम्हारे निष्काम कर्म के तप
में हम जल जायें।
तुम्हारी स्वाभिमान की गरिमा
में हम बोझिल हो जायें
तुम्हारे शिखर जैसे धैर्य
से हम मूर्छित हो जायें।

तुम तटस्थ भी नहीं हो
तुम तो स्पष्ट हो।
तुम्हारे दृढ़ निश्चय के आगे
वीरों को शर्म आ जाये
तुम कुण्ठित भी नहीं हो
सफल असफल से इतना ऊपर कैसे हो।

हे मज़दूर।
बिना द्वन्द्व के कैसे जीते हो तुम
भाव विभोर फिर भी होते हो तुम
करुणा को पालते हो
मेहनत का फल पाते नहीं हो।
शीश गर्व से उठाते हो कि ये बनाये हो तुम।
सच पूछो तो
मानव बन मानव रह पाये सिर्फ़ तुम

हे मज़दूर!
काम, बिन काम लागे कैसे करते हो तुम
सबसे दूर पर ख़ुद के पास कैसे रहते हो तुम

अब बस आयेगा वो दिन
जहाँ से आये थे वहाँ फिर जाओगे तुम
हमको इतना कुछ देकर ख़ाली लौट जाओगे तुम
ऊँचे भवन ऊँची आशाएँ देकर
तुम जा रहे हो
मन ही मन सोचकर
जो था कभी तुम्हारा
औरों को उसका अधिकार देकर

मानसिक प्रसव पीड़ा

देख कर सोचने की बीमारी
माथे में दर्द पैदा करती हैं।
जो देख रहे हैं
वो एक बीज की तरह
मस्तिष्क में गर्भ कर जाता है।

माथे का ये गर्भ
दर्द और बेचैनी देता है।
बेचैनी सोचने की होती है
चिन्तन की होती है।
सोचना भागने को मजबूर करता है।

फिर मन भागता है
कभी समय में, कभी भूगोल में,
कभी सूक्ष्म में, कभी स्थूल में,
कभी अन्तरिक्ष में, कभी पाताल में,
कभी अपनों में, कभी परायों में,
कभी पृथ्वी में, कभी सूर्य में,

कभी संख्या में, कभी शब्दों में,
कभी शोर में, कभी शान्ति में,
कभी आत्मा में, कभी परमात्मा में।

पूरी यात्रा करता है
बहुत कुछ दिखाता है
बहुत सिखाता भी है

ये प्रक्रिया कष्ट की होती है
झुँझलाहट की होती है।
बैठे बैठे चलने की होती है।
दर्शन की होती है,
ज्ञान विज्ञान की होती है

जो हो चुका उसको जीने की होती है
जो होगा वो कैसे होगा ये सोचने की होती है।

अतीत के अध्यात्म में डूबी होती है
भविष्य के तिलिस्म को तोड़ने की होती है।

जब तक यात्रा होती है
तब तक असहनीय दर्द होता है।
यह मानसिक प्रसव पीड़ा होती है,
पीड़ा के बाद प्रसव होता है।

फिर कुछ नया जन्म लेता है
नयी चेतना आती है,
नयी अनुभूति होती है,
नये सपने नयी उम्मीद से भर जाते है।

मन वापस आता है
जहाँ फँसा था वहाँ से निकल कर

नयी समझ नया निष्कर्ष लेकर आता है।
यात्रा समाप्त होती है

तब शान्ति मिलती है
सुकून मिलता है
आनन्द आता है।
जो नया आया है
वो बेहद सुन्दर लगता है
अपना हिस्सा लगता है
उसे सँभालने की ज़िम्मेदारी होती है।

उसे पोसना होता है पालना होता है
लिखना होता है फैलाना होता है।
वह नया मासूम–सा अबोध होता है।
अपने गुण–अवगुण से अपरिचित होता है।
जो उसको सुनता है पड़ता है
वो उसे सीमाओं में बाँधने की कोशिश करता है।
ना बँधे तो वो समस्त है बँध जाये तो वो शून्य है।
सुनने पढ़ने वाले का अपना अनुभव होता है
मिज़ाज होता है कल्पना होती है
वो अपनी विशेषता के साथ ग्रहण करता है
ऐसे में जो नयी अनुभूति हुई है और लिखी गयी है

वो नये–नये स्वरूपों में बदल जाती है।
जो उसका संज्ञान लेता है
वो एक अलग नयी कहानी
नये क़िस्से लिख देता है।
ये किस्से अनुभूति को अनन्त बना देते हैं।
उसका विस्तार कर देते हैं।

जिससे हमारा संसार फैलता है।
संकुचन से प्रसारण की नियति बनती है।
किसी एक कोने में हुए अन्तर्बोध से
पूरा जगत रोशन होता है।
अनुभूति भी बड़ी होती है खेलती है
दोस्त बनाती है दुश्मन भी बनाती है
समय के साथ परिपक्व होती है।
दूसरी अनुभूतियों से इश्क़ भी करती है।
जाल में फँसती है जाल बुनती भी है।
गुत्थमगुत्थी करती है।
अपने क़रीब आती दूसरी अनुभूति में मिल जाती है
संगम से नयी कच्ची अनुभूति फिर आती हैं।

अनुभूति मरती भी है
इसे मरना नहीं चाहिए
पर मरती है जब आप और हम
सोचना, पढ़ना, देखना
मन्थन, मनन करना बन्द कर देते हैं।

जब उसको घर नहीं मिलता है
मस्तिष्क नहीं मिलता है
वो अकेली हो जाती है लावारिस सी।
तब वो मरने लगती है

लीलावती के विचार कोई पढ़े ना,
समझे ना
तो भास्कराचार्य के सिद्धान्त मर जायेंगे।
सिद्धान्तों की विवेचना ज़रूरी है
उनसे संवाद आवश्यक है

अपने अन्दर एक आग लगानी चाहिए-2

अपने अन्दर एक आग लगानी चाहिए

अपनी कमियों को उसमें तपाना चाहिए

सुलगना, तपना, चमकना

चमक रही नयी परत का निकलना।

ये सफ़र तय करना चाहिए।
ये सफ़र तय करना चाहिए।

वो एक परत है जो पुरानी है
और एक ये परत है जो नयी है

नये विचारों के अंकुरण की
नयी सोच के आगमन की
नयी कहानियाँ के जन्म की
ये परत निकलती रहनी चाहिए
अपने अन्दर एक आग लगानी चाहिए
अपने अन्दर एक आग लगानी चाहिए

अपने अन्दर एक आग लगानी चाहिए

अपनी बुराइयों को इसमें जलाना चाहिए

बुराइयों का जलना, स्वयं का निखरना

निखर कर नये उद्देश्य पर लगना

ये सफ़र तय करना चाहिए
ये सफ़र तय करना चाहिए

वो मित्र है जो बताता है तुम्हारी बुराइयाँ तुमको
ऐसे मित्र के इत्र से सुगन्धित होते रहना चाहिए।

अपने अन्दर एक आग लगानी चाहिए

अपने अन्दर एक आग लगानी चाहिए
और आग लगे तो वो निरन्तर बनी रहे
यह तय करना चाहिए।

वो आग हो तपने की,

वो आग हो सुलगने की,

जो आग हो रोशन करने की,

वो आग धधक–धधक कर जलती रहनी चाहिए।

जीवन चक्र छठ

ये छठ है
ये हठ है
ये मानवता की हठ है
पाखण्डों से दूर प्रकृति से जुड़ने की हठ है
नदी में घुलने की हठ है
रवि के साथ जीने की हठ है
रवि का साथ देने की हठ है

कौन कहता है कि
जो डूब गया सो छूट गया
कौन कहता है कि
जो अस्त हो गया वो समाप्त हो गया।
सूर्य अस्त होता है
फिर उदय भी होता है।
एक सभ्यता समाप्त होती है
दूसरी जन्म लेती है।

जो मरता है
वो फिर जन्म लेता है।
जो डूबता है
वो फिर उभरता है।

जो ढलता है
वो फिर खिलता भी है।

यही चक्र छठ है
यही सिद्धान्त छठ का मूल है
यही भारतीय संस्कृति है।
इसी जीवन चक्र को समझना छठ है।

जीवन अन्त और प्रारम्भ दोनों में है
पूजा दोनों की होनी है
प्रारम्भ की भी और अन्त की भी
छठ इसी शाश्वतता की रचना है
मानव सभ्यता की अमर होने की कल्पना है
तो आत्मा की अजय होने की परिकल्पना है

ये सिर्फ़ महापर्व नहीं है
ये जीवन पर्व है
जीवन के नियमों को बनाने का संकल्प है
अपनों का साथ, अपनों की पूजा है
सात्विकता का सामूहिक संकल्प है

जो ग़लती हुई हो, जो ग़लती करते हों
वो अब नहीं दोहराना छठ है
गन्दगी, काम, क्रोध, लोभ को त्यागना
अपराधी का अपराध ना करना
नैतिक मूल्यों को अपनाना
सुख–सुविधा को त्यागना
कष्ट को पहचानना छठ है

छठ प्रकृति के हर अंग की उपासना है जो हठी है।
जिसमें कुछ कर गुज़रने की,
कभी निराश न होने की,
कभी हार ना मानने की,
डूब कर फिर खिलने की ,
गिर कर फिर उठने की हठ है।

ये हठ नदियों में है,
ये हठ बहते जल में है,
ये हठ अस्तोदय होते सूर्य में है,
ये हठ किसान की खेती में है,
ये हठ छठ व्रतियों में है।

इसलिए छठ
नदियों की पूजा है,
सूर्यों की पूजा है,
व्रतियों की पूजा है
परम्पराओं की पूजा है

खेत में केले के उगने की,
गन्ने के जन्म लेने की,
सूप को बुनने की,
दौरा को उठाने की,
निर्जल अर्घ्य देने की पूजा है

छठ प्रत्यूषा की पूजा है
तो ऊषा की भी पूजा है
ये जल की पूजा है
तो वायु की भी पूजा है

छठ में कला भी है
और कृति भी है
छठ व्यक्ति और प्रकृति को जोड़ने की प्रक्रिया है
ये प्रक्रिया योग साधना है
इसमें सम्पूर्ण योग है
यम भी है इसमें नियम भी है

कम–से–कम साधन उपयोग करने का नियम
सुखद शैया, तामसिक भोज को त्यागने का नियम
काम, क्रोध, लोभ से दूर रहने का नियम
विचारों में सत्यता और ब्रह्मचर्य होने का नियम

छठ में आसन है तो प्राणायाम भी है
अर्घ्य आसन स्वरूप है
शरीर को साधने का आसन है
निर्जल व्रत चंचल मन को स्थायित्व प्रदान करता है
व्रती ध्यानमग्न होता है

ध्यानमग्न व्रती आदित्य की धारणा में
सूर्य समाधि की ओर अग्रसर होता है
छठ अपनी सम्पूर्णता में
अष्टांग योग की तरफ़ बढ़ता दिखाई देता रहता है

शक्तिमानी सूर्य

उस महान दृश्य की कल्पना
जब आराध्य भगवान भास्कर को मनुजता साहस देती है।
वो डूबते भास्कर को अर्घ्य देती है।
प्रणाम करती है।
शक्ति देती है।
भास्कर भगवान है।
ईश्वर की कल्पना है।
डूबते सूरज को हज़ारों लोगों का अर्घ्य मिलने से सूर्य भी शक्तिमानी दिखने लगते हैं।
ढलते सूरज भी स्वाभिमानी लगने लगते हैं।
ढलती किरणें भी प्रफुल्लित–सी चहक उठती हैं।

अनवरत बहती नदियाँ भी अद्‌भुत मानव शक्ति को निहारती रहती हैं।

कुछ पल के लिए ठहर जाती हैं
अलौकिक आनन्द में सहर्ष रम जाती हैं।

जीवन अपार है

जीवन अपार है,
सम्भावनाओं का सार है
तू चलता चला चल
ऐ पथिक!
बस इतना समझ

कि रास्ता जीत
और मंज़िल हार है।

कि चलना जीत
और रुकना हार है।

कि जागना जीत
और सोना हार है।

कि युद्ध जीत
और परिणाम हार है।

कि निर्णय जीत
और विमूढ़ता हार है।

कि प्रयास ही जीत
और चुप बैठना हार है।

कि परीक्षा ही जीत
और सफल–असफल तो हार है।

कि सवाल ही जीत
ये उत्तर तो हार है।

कि बहना जीत
बस ठहरना हार है।

कि चेतना जीत
और जड़ता हार है।

कि निश्चय जीत
और अनिश्चितता हार है।

जननी और जनित

जननी और जनित में
प्रगाढ़ सम्बन्ध देखना
शरीर का टूटना
टूट कर दो हो जाना
नये की शुरुआत होना

पुराने का पूर्णता को पाना
नये में पुराने को ढूँढ़ना

नये का पोषण
पुराने का धर्म होना
उगते सूरज को देख
बूढ़े वृक्ष का मुस्कुराना
झरते हुए भी आनन्दित रहना
जननी और जनित का
एक दूसरे को पूरा करना

मैं क्या चाहता हूँ

अपने बाह्य के उलझते धागों को
अपने अन्तर्मन के कल–कारख़ाने में जाके सुलझाना
चाहता हूँ
उसे
सुलझा कर
एक कपड़ा बुनना चाहता हूँ।
मैं कुछ लिखना चाहता हूँ।

अपनी काल खण्ड की
जितनी भी समझ है
उसे वृत्तान्त रूप में
किसी और के काम
लाना चाहता हूँ।
मैं कुछ लिखना चाहता हूँ
मैं कुछ लिखना चाहता हूँ।

जो देखता हूँ
फिर कुछ सोचता हूँ
तब तक बहुत झेलता हूँ
मैं वो झेलना लिखना चाहता हूँ।

जिन्हें दुःख समझा या सुख समझा
इस प्रश्न को बार–बार
काली स्याही से सबसे पूछना चाहता हूँ
मैं लिखना चाहता हूँ।

आत्मा को
प्रसव पीड़ा से मुक्त कर
कुछ नया
जन्म देना चाहता हूँ।
मैं लिखना चाहता हूँ।

ये जो पेड़ है
ये जो साँझ है
साँझ के पीछे एक समाज है
उस समाज की एक सोच है
उस सोच पर मैं मुग्ध होना चाहता हूँ
मैं कुछ लिखना चाहता हूँ

मैं इस पेड़ को,
उस टहनी को,
साँझ की बाती को,
समाज की परिपाटी को
इस सब को
मैं लिखना चाहता हूँ।

ये जो ढल रहा है
वो मुझे गला रहा है
गलना मुझे कुछ सिखा रहा है
फिर भी मैं गलना नहीं चाहता हूँ
मैं कुछ लिखना चाहता हूँ।

ये जो डाली है
ये जो पत्ते हैं
सब हरे भरे क़िस्से है
इनका जीवन है उस जीवन के
पीछे कुछ चल रहा है
मैं उन क़िस्सों को सुन रहा हूँ
अब उनसे कुछ सीखना चाहता हूँ
उस सीख को
मैं लिखना चाहता हूँ

मैं कुछ लिखना चाहता हूँ।
मैं कुछ लिखना चाहता हूँ।
मैं कुछ लिखना चाहता हूँ।

मृगतृष्णा

रवि की किरणों से
धरा का गर्म होना
धरा की सतही हवा का
अत्यधिक उष्मित होना
उष्मित हवा का
घनत्व कम होना
प्रकाश किरणों का
धरा के समानान्तर बहना
पूर्ण आन्तरिक परावर्तन का होना
सत्य और मिथ्या का एक–सा लगना
प्रकृति का दृष्टिभ्रम होना
जैसे मरुस्थान में तालाब का दिखना
जैसे कांक्रीट की सड़क पर सरोवर का बिम्ब बनना
मृग की तृष्णा का अनन्त होना

छठ और कृतज्ञता

नदियों से मिले जल
सूर्य से मिली किरणों
ने मानवता को पाला पोसा है।

बड़ी–बड़ी सभ्यताएँ को
नदियों और सूर्य के समन्वय
ने ही विकसित किया है

छठ इन नदियों
तालाबों के जल
सूर्य की किरणों
को कृतज्ञता दर्शाने का तरीक़ा है।

हम कृतज्ञ हैं
उस अस्त होते रवि के
उदय होते भास्कर के
उद्गम होती गंगा के
संगम करती यमुना के

इसलिए

जब तक छठ है
तब तक प्रकृति ही ईश्वर है
सूर्य ही ईश्वर है
नदियाँ ही ईश्वर हैं

जब तक छठ है
तब तक
हम बताते रहेंगे कि प्रकृति है तो हम हैं।
नदियाँ हैं तो हम हैं।
सूर्य है तो हम हैं।
जलाशय हैं तो हम हैं।

ज़रूरत है
छठ जैसे पर्वों को सँभालने की,
उन्हें अगली पीढ़ियों तक पहुँचाने की,
लोक मानस के इस महापर्व को हर्षोल्लास के साथ
मनाने की।

ज़रूरत है
छठ में निहित तत्त्वों के मूल अर्थों को समझने की,
उन अर्थों के व्यापक विस्तार की,
उस विस्तार को सामाजिक स्वीकार्यता दिलाने की,

ज़रूरत है
स्वीकृत विस्तार को लोक मन में ढालने की,
लोक पर्व के माध्यम से सशक्त समाज और जाग्रत
राष्ट्र को बनाने की,
छठ के माध्यम से गंगा की संस्कृति को विश्व की
सबसे श्रेष्ठ संस्कृति बनाने की।

लिखना, बोलना और?

बोलना एक बात है
लिखना दूसरी बात है
बोलते हुए लिखना तीसरी बात है

पहले बोला
फिर लिखा
फिर बोलते हुए लिखा

फिर भी बहुत कुछ ऐसा था
जो नहीं लिख पाया
जो नहीं बोल पाया

कहीं कुछ तो था
जिसको शब्द स्वर आवाज़ स्याही से
न समझ पा रहा था
ना समझा पा रहा था
उसको जैसा देखा वैसा
बताना चाह रहा था
उसे देख कर व्यक्त

करने का मन कर रहा था
पर बोलने लिखने से व्यक्त हो नहीं पाता था।
लिखने बोलने पर वो बदल जाता था
बदलने पर वो कुछ और हो जाता था

बसन्त का आना

बसन्त का आना
जैसे सोयी अलसायी मन्द पड़ी अन्तराग्नि को जलाना
जीव जन्तुओं में नये सृजन का आधार बनना।
पेड़–पौधों का पुष्पों से आह्लादित होना
बसन्त का आना
जैसे नर वानर का राग प्रेम में डूबना
नये सृजन की शुरुआत होना

बसन्त का आना
जैसे हर जीव में अद्भुत
नव चेतना का संचार होना
समस्त निराशावाद का
आशावाद में बदलना

चलना, रुकना और फिर देखना

चलना, रुकना, फिर देखना
जो हुआ उसको होते हुए देखना
उसको हो जाने के बाद भी देखना
जितना कुछ भी होता रहा
उस सब को जोड़ते हुए देखते रहना

मन की उधेड़बुन का कहीं–कहीं ठहरना
जहाँ ठहरा वहाँ रुक कर पड़ाव डालना
उस पड़ाव पर एक दर्शन के दर्शन करना

कई कड़ियों को जोड़ना,
कई कहानियों को बुनना,
नये विचारों का सामने आना,
पुराने विचारों का नये दर्शन के साथ अनोखा मिश्रण बनाना
तरह–तरह के अनुभवों को सँजो के रखना।
कई अनुभवों से नयी अनुभूतियों का सृजन होना।
अनुभूतियों से विषयों को विभिन्न दृष्टिकोणों से समझना।

गणित से जीवन देखना
जीवन में गणित देखना
वृत्त से व्यक्तित्व समझना
व्यक्तियों को आकृतियों में ढूँढ़ना
समीकरणों से सम्बन्धों को समझना
सम्बन्धों से समस्याओं को सुलझाना
संरचनाओं में आकाश को तोड़ना
ज्यामिति से ब्रह्माण्ड की कल्पना करना

संचालन के नियमों से समाज को समझना।
समझते–समझते अपने संघर्ष के दिनों का याद आना।
संघर्ष का सतत चलते रहना
उन क़िस्सों में निर्णय आधारित सोच को देखना

कहानी में बचपना ढूँढ़ना
बचपन तक चले जाना
फिर याद आना
वो सब जो गुज़र गया
पर कहीं ठहर गया

जहाँ ठहर गया वहीं
ज़िन्दगी के मायने ढूँढ़ना
चलना, रुकना और फिर देखना

सिया राम

निज को तज कर सुख देते थे
राम सिया को अरण्य ना लाए थे
प्रीत सीख सिया की थी असंख्य
रघु की रीति थी अनपभ्रंश।

चली सिया थी मिथिला से
जाना था अवध ना अरण्य
रानी बन सुख भोगना था।
रघुकुल वंश साधना था।

लव कुश होंगे वन में
यह कभी नहीं सोचा होगा
ये राह कहाँ ले जायेगी
क्या अरण्य से लंका जायेगी।

होगा प्रेम राम का
सखा मित्र होंगे लखन
वीर थे दोनों धनुर्धर थे
ईश नहीं पर रघु तो थे

जननी थी जिनकी धरती स्वयं
हल की हलक थी सीने पर

सौम्या सी सिया पर थी प्रचण्ड
दे सकती थी लंकेश को तभी दण्ड

पर किया नहीं कभी कुछ ऐसा
बिना रघु से विमर्श वैसा
जैसा भी वन में जीवन होगा
प्रभु के ही तो संग होगा
लंका भी कैसी होगी
राह प्रभु की नेत्र तरस रही होगी।

लंका में भी मनुष्य बन रहना था
सीता को भी तप करना था
होगी कहीं देवी शक्ति सम्पन्न
कर अनन्त साहस अखण्ड

पर थी कैसी नियति दुर्लभ
इस रण को ऐसे लड़ना था
आम जन आदर्श रहना था।
असाधारण को साधारण रहना था

शान्त सरल अविरल धीरज
वृक्ष वन पावन पवन
आसक्ति मनुज की रखनी थी
राह सिया की कठिन थी।

ना सिर मौर ना कंचन सिंहासन
ना महल अटारी ना मण्डप उपवन
पर किंचित नहीं व्यथित मन
नयन लोचन जिस राह राम पावन

बोध एक-तरीक़े अनेक

किसी एक अनुभूति को
किसी एक बोध को
कई तरीक़े से समझा जा सकता है।

जैसे ईश्वर को बहुत तरीक़ों से समझा जा सकता है
बहुत सारे धर्म और सम्प्रदाय के रास्ते एक ही ईश्वर को समझाते हैं

ईश्वर एक सिद्धान्त है
एक सोच है।

परावर्तन भी एक सिद्धान्त है
उसे हम कई तरीक़े से समझ सकते हैं

समझ भी बहुआयामी है।
उसे बहुआयामी रहने देना है।
कई तरीक़े से समझना है
कई तरीकों से समझाना है
जिसको जिस तरीक़े से समझ आये उसे वैसे समझाना है
जिसको एक तरीक़े से समझ आ जाये उसे दूसरे तरीक़े से समझाना है

समझ का विकास करना है
सम्पूर्ण समझ पाना तो असम्भव है।
क्योंकि सम्पूर्ण तो अनन्त जैसा है।
जितना जायेंगे, उतना जाते जायेंगे।
पर सम्पूर्णता की तरफ़ जाना सम्भव है
सतत चलते रहना सम्भव है।

आँखों से समझने पढ़ने की बात तो सुनी ही होगी।
आँखों में चित्र बन जाता है।
वह चित्र सब समझा देता है।
आँखों में बना चित्र सिद्धान्त, व्यक्ति और प्रकृति तीनों को समझा देता है
चित्र आपके सामने है
सोच और सिद्धान्त उसके अन्दर है।

समस्त ब्रह्माण्ड के जीव–जन्तु सब कुछ समझते हैं।
सब अपनी भाषा और अपने तरीक़े से समझते हैं।
जो
जैसे समझ सकता है
वैसे उसको समझाना चाहिए
आपको किस विधा से दुनिया बेहतर समझ आती है
उस विधा को अपना कर आगे बढ़ना चाहिए।

आपको वो समझ आये जो ना बोल पाऊँगा और ना लिख पाऊँगा
बस इसी आशा के साथ कविता समाप्त कर रहा हूँ।

समझ

हम इन्सानों को सब समझ आता है,
हर सिद्धान्त
हर समीकरण
हमने व्यक्त किया है

क्या अन्य जीव–जन्तु भी समझते हैं?
क्या अपनी भाषा में व्यक्त भी करते हैं?

चमगादड़ बायो सोनार समझते हैं
वो देखते भी सुन कर हैं
ध्वनि उत्पन्न करते हैं
प्रतिध्वनि की सघनता नापते हैं
समय अन्तराल से वस्तुओं की दूरी
उनका प्रकार और आकार समझते हैं

जीवन एक आन्तरिक खोज

जीवन एक आन्तरिक खोज है
अनुसन्धान है
अन्वेषण है
आन्तरिक यात्रा है
अपने अन्दर शून्य को ढूँढ़ने की
अपने अनन्त तक फैलने की
स्वयं के विस्तार की
अन्य के व्यवहार की

भ्रूण से बीज बनने की
बीज के अपने कवच को तोड़ने की
फिर उस छोटे पौधे के गढ़ने की
बीज की शून्यता से पौधे की अनन्तता की

जीवन एक अनुसन्धान है
बीज के अन्दर अनन्त है
उस अनन्त को पहचानने का काम है
जीवन एक अनुसन्धान है
शून्य से अनन्त तक की यात्रा है

हमारा मन

खटिया पे लेटा तन था।
मन मोहक मन अधीर था।
मन की चाल मदमस्त थी
तन शान्त सोच व्यस्त थी।

मन चलने लगा तेज़
नापने चला था संसार
चिन्ताओं सुकूनों से दूर भेज
ढूँढ़ने चला था जीवन सार।

हूँ कौन मैं, क्या है मेरा विस्तार
आया यह प्रथम विचार
रुक गया मन पल भर
विस्मित होकर हुआ निरुत्तर

मन टकराया मन से
मन है क्या
पूछा मन ने
मन से

मन तन के बाहर है
या मन तन के अन्दर है
मन देह है
या मन विदेह है।

मन है भागता
वो है दौड़ता
तन को छोड़कर
मन है घूमता

वो मन ही है
जो नहीं माना
तन को छोड़कर
फिर निकल गया

तन तना गया
मन कहाँ गया
मन को रोक सका है कौन
मन वहाँ गया
जहाँ जा सका है कौन

तो मन क्या कभी था ही नहीं
या जो था सिर्फ़ मन ही था
जो मन दिखता तो था नहीं
वो मन फिर कुछ था या सच कुछ था ही नहीं

जो तन दिखता था
वो रह गया राख

बन गया खाक
तो तन था ही नहीं वो सिर्फ़ दिखता था।

मन तो आज भी है
मेरा नहीं तो किसी और का है

मन मिटता नहीं
मन दिखता नहीं
मन अज्ञेय है
मन ध्येय है
मन ही शेष है
मन ही श्रेष्ठ है
मन ही चेतना
मन ही आत्मा
मन ही विचार है
मन ही संसार है
मन ही मैं हूँ
मन ही तू है।
मन ही प्रारम्भ है।
मन ही अन्त है।

इन्द्रधनुष

मेघ की बूँदों से
रवि की किरणों का गुज़रना

शक्तिशाली तरंगों का
सूक्ष्मातिसूक्ष्म अवरोध से
टकरा कर बिखरना

अपवर्तन, परावर्तन और विक्षेपण, का
एक क्रम में होते रहना

प्रकाश का टूटना
रंगों का आपस में उलझना
इन्द्रधनुष का बनना

जन्मस्थान

आज अपना जन्मस्थान याद आ रहा है।

आज अपना जन्मस्थान याद आ रहा है।
आज अपना गाँव
अपना नगर याद आ रहा है।

याद आ रहा है वो शहर
सच पूछो तो आज अपना जन्मस्थान याद आ रहा है।
बेतवा किनारे बसा वो अपना ग्राम
वो मोहल्ला
वो गलियाँ
वो मित्र, वो लोग
वो मन्दिर, वो चौखट
वो पीपल वो नीम...याद आ रहा है

जहाँ बहता था मन बेतवा में
गुज़रती थी शाम घण्टाघर में
फिरते थे घण्टों सागो
ताड़ और बार के चन्दन वन में

हुआ जिस धरती पर अंकुरण
वो चन्देरी की पहाड़ियाँ
वो विन्ध्या की सन्ध्या
वो जामनी, धसान, शहज़ाद को बाँधते बाँध
वो तुवन का मैदान
वो चने का खेत
वो गेहूँ मटर उड़द मूँग से पटा क्षेत्र...याद आ रहा है।

रनछोर का बेतवा धाम
देवगढ़ के दशावतार भगवान
पाली के नीलकण्ठ वहाँ के पान
अमझारा की घाटी का स्वाभिमान

तालबेहट का मानसरोवर ताल
बाबा सदनशाह की दरगाह,
शाम का गोविन्द सागर बाँध...याद आ रहा है।
आज अपना जन्मस्थान...याद आ रहा है।

राजा आम

फलों में राजा आम हो
आमों में मज़ा पके आम में हो
और पकों में राजा लँगड़ा हो
लँगड़े में मालदा मिक्स हो
मालदा में ज़र्दालू सा जरदा हो

फलों में राजा आम हो
ज़र्दा कुछ दशहरी–सा पनीला हो
दशहरी तो मलीहाबाद का राजा हो
इलाहाबाद का बादशाह चौसा हो
लख लख लखनउआ सफेदा हो

फलों में राजा आम हो
गंगा की छाया में फजली हो
फजली ने फेंका मेसरा हो
मिसरा सी मीठी अमिया हो

फलों में राजा आम हो
मीठे का गौरव गवरजीत हो
जीत के हारा फ़रेबी हो
फ़क़ीर सा दिखता कलौंजी हो

फलों में राजा आम हो
केसर सी ख़ुशबू केसर में हो
बात अगर चोंच की हो
तो चर्चा तोतापुरी की हो
चेहरा से भारी हाफूस बादामी हो
फलों में राजा आम हो

मेरा देश, मेरा गाँव

मेरा देश, मेरा गाँव
मेरा शहर, वहाँ की छाँव

मेरे लोग, मेरी गाय
मेरा मन्दिर, मेरी चाह

नीचे छाँव, ऊपर घाम
सामने बेतवा, पीछे धाम

बहती नदियाँ, बोलते वन
मेरा देश, मेरा मन

प्रभु कृष्ण, मित्र अर्जुन
सार गीता, वीर शत्रुघ्न

मेरा देश, मेरा वन
मेरा देश, मेरा मन

मेरा देश, मेरा लोक
मेरे तन्त्र, मेरे लोग

जय गणतन्त्र।
जय गणतन्त्र

आज अपने गाँव जा रहा हूँ

आज अपने गाँव जा रहा हूँ।
आज अपने शहर, अपने नगर जा रहा हूँ।

अपने जन्मस्थान
प्रकृति के वरदान
वनों के मध्य स्थित
अपने ललितपुर जा रहा हूँ।

जहाँ अपने संस्कार
वर्षों पुराने बचपन के यार
उनकी मित्रता को नमस्कार और
जीवन धर्म का सच्चा पुरस्कार लेने जा रहा हूँ।

पापा से कोई चमत्कार,
माँ से आशीष अपार,
भाई से स्वप्न साकार,
दीदी से जीवन का आधार और
अपने आप से पुनः साक्षात्कार करने जा रहा हूँ

लम्बे समय के बाद आज अपने घर जा रहा हूँ।
आज अपने गाँव जा रहा हूँ।

आज अपने गाँव जा रहा हूँ।

अपने आप को ढूँढ़ने जा रहा हूँ।
जो मित्र खोया होगा
उसको पुनः पाने जा रहा हूँ।

जो सम्बन्ध रोया होगा
उसको मनाने जा रहा हूँ।

जो भाई सोया होगा
उसको जगाने जा रहा हूँ।

मैं अपने शहर, अपने नगर ललितपुर जा रहा हूँ।

आज अपने गाँव जा रहा हूँ।

आज अपने गाँव जा रहा हूँ

अपनी मिट्टी,
उसकी सुगन्ध,
जैसे जीवन की अद्भुत उमंग

हाँ मैं उसी मिट्टी को सूँघने जा रहा हूँ,

उसके कीचड़ में सनने जा रहा हूँ,

उस उमंग में लहराने जा रहा हूँ।

जिस मिट्टी से बना हूँ,
उसी मिट्टी से मिलने जा रहा हूँ।

आज अपने शहर,
अपने नगर जा रहा हूँ।

आज अपने गाँव जा रहा हूँ।

बेतवा मैया में तैरने जा रहा हूँ।

गोविन्द सागर बाँध में कूदने जा रहा हूँ।

शहजाद नदी में नहाने जा रहा हूँ।

करकरावल जलप्रपात में खेलने जा रहा हूँ।

इस भीषण गर्मी में पूरा शीतल होने जा रहा हूँ।

मन मस्तिष्क मन्दिर को हल्का करने जा रहा हूँ।
आज अपने गाँव जा रहा हूँ।

आज अपने शहर, अपने नगर जा रहा हूँ।

देवगढ़ में विष्णु के दशों अवतारों के दर्शन करने जा रहा हूँ

बेतवा के किनारे गुफाओं में कुछ देर बैठने जा रहा हूँ।

लुप्त होते बाजों, गिद्धों को वहाँ तलाशने जा रहा हूँ।

मैं आज अपने शहर, अपने नगर ललितपुर जा रहा हूँ।

अपने दादा–दादी की, अपने नाना–नानी की,
अपने पुरखों की, अपने पूर्वजों की
पुण्य पावन धरती अपने शहर,
अपने नगर ललितपुर जा रहा हूँ।

आज अपने गाँव जा रहा हूँ।

आज अपने गाँव जा रहा हूँ।

आज अपने गाँव जा रहा हूँ।

बचपन पापा के संघर्ष की कहानियों में बीता था। उनके जीवन के छोटे–छोटे क़िस्से रात में सोने से पहले माँ से सुनते–सुनते गुज़रा था। फिर जब थोड़ी समझ हुई तो पापा का संघर्ष सामने देखा भी। बुन्देलखण्ड के सूखे क्षेत्र की ऊसर ज़मीन में किसान को ऋण और उत्पादन के बीच में भटकते देखना बहुत कुछ सीखा गया था। इन सबके बीच भी अपने आदर्शों को जीवित रखना और हमेशा सकारात्मक बने रहना ही पापा के मूल सिद्धान्त थे। मुझे आज भी उनका छोड़ना और त्याग करना बहुत याद आता है। जब–जब जीवन मझधार में होता था, पापा हमेशा त्याग को अपनाने को बोलते थे। बोलते थे–'छोड़ो इसको जाने दो, आगे बढ़ते जाओ, मेहनत करते जाओ, कुछ अच्छा ही मिलेगा। और हाँ! इससे कम तो कभी नहीं मिलेगा। इस लायक तो तुम हमेशा हो।' –उनके ये शब्द कानों में हमेशा गूँजते थे। गूँजते–गूँजते वह जीवन की ध्वनि बन गये। इसका अर्थविन्यास यह था कि 'जो कर चुके हो, वह तुम्हारा हो गया है। उसे अपनाने की हठ मत करो। आगे बढ़ो और बेहतर प्रयास करो। और हाँ! सुनो, आईआईटी बहुत कठिन है। चयन ज़रूरी नहीं है, सीख लोगे जितना, उतना अच्छा रहेगा।'

दयोदया एक्सप्रेस के जनरल कोच में पूरी रात जो भावनाएँ उमड़ी थीं, वह अद्भुत थीं। 14 साल की उम्र में पहली बार घर छोड़कर कहीं दूर पढ़ने जाने पर उमड़ने वाली वो भावनाएँ पापा

की इन पंक्तियों से और गहरी हो जातीं और भीतर से मज़बूत कर देती थीं। जब आपकी पढ़ाई के लिए कर्ज़ लिया गया हो तो फिर आप टूट कर मेहनत करते हैं। संघर्ष कभी मेरा नहीं था। वह हमेशा पापा का था। ऋण उन्होंने लिया था, सामाजिक प्रतिष्ठा उनकी थी। बच्चों में आदर्श, मूल्य और संस्कार डालना उनकी चुनौती थी। पापा हर 40–50 दिन में कोटा आते थे। उसी दयोदया एक्सप्रेस से, भटक तो नहीं रहा यह देखने।

पर मैं भटकता भी कैसे? आपको जिस तरीक़े से जीवन से जूझते देखा था, उसी तरह इरोडोव के सवालों से युद्ध जारी था। हिन्दी से अब सब कुछ अंग्रेज़ी में हो गया था। लेकिन भाषा तो सिर्फ़ माध्यम थी, लक्ष्य कुछ और था। और जब लक्ष्य पाना ही है तो नयी भाषा भी पकड़ ही ली थी। छोटे शहरों के विज्ञान के शिक्षकों ने विज्ञान की जानकारी हल्के मन से दी थी या फिर अपनी समझ में बहुत कमी थी। रसायन ने ख़ासा तंग किया। फिर हमने भी उसमें कम ज़हर नहीं बोया। आप हमेशा दार्शनिक नहीं बने रह सकते। मस्ती भी कोई चीज़ होती है? उम्र का चक्कर गलियों के चक्कर लगवायेगा ही। सो हमने भी लगाया। लेकिन पहले ही कह दिया था कि उद्देश्य से समझौता नहीं होगा, सो नहीं ही हुआ। समझौते से याद आया एक क़िस्सा। पापा को पैसे से संघर्ष करते देखा था तो शनिवार की मेस जब बन्द होती थी तो डिनर का एक समोसा उस संघर्ष को सलाम करता था। उस प्रतिज्ञा को जीवन्त करने का मौक़ा बनता था।

ग़लतियाँ बहुत हुई थीं, क्योंकि डर बहुत था। डर परिवार से दूर नहीं होता है। यह मन में था कि डर अभी रहेगा, कॉलेज के दोस्तों से मिलने तक। डर स्वाभाविक था कि गलत ना हो जाये कहीं। तब दबाव बहुत लेता था, परिपक्वता नहीं थी। यही हुआ और बहुत सही हुआ, ग़लतियों का फल मिला, पता चला कि IIST/IISER मिलेगा। चयन तो हुआ पर मेरिट क्रम में पीछे था। पापा ने फिर कहा–'छोड़ो, त्याग करो अभी।

अभी त्याग करोगे, तभी आगे और बेहतर मिलेगा। इसलिए आगे बढ़ो, एक प्रयास और करो। इससे बेहतर मिलेगा और ये तो कहीं नहीं जायेगा। इतना तो मिलेगा ही मिलेगा, अगले साल भी।' तब इतना दूरदर्शी नहीं था। अपनी ज़िद पर अड़ गया। नहीं! अन्य परीक्षाओं से राष्ट्र और राज्य स्तरीय अच्छे महाविद्यालय मिल रहे हैं। शायद दोबारा परीक्षा देने से डर रहा था। मैं जाऊँगा उन्हीं महाविद्यालयों में, और मैं गया भी। पापा ने आज तक सिर्फ़ ग़ुस्से में देखा भर है। कभी अपनी बात नहीं मनवायी। आप दिखने में कितने भी अराजक तानाशाह हों पर निर्णय जनतान्त्रिक तरीक़े से कैसे लेना है, यह पापा की कला थी।

अगला पड़ाव मालवा था। क़रीब 60 दिन किसी महाविद्यालय में रहने के बाद आपको अहसास हो कि ग़लती हो गयी। पापा सही थे। एक प्रयास और करना था। 2–3 महीने वहाँ पढ़कर त्याग–पत्र दे दिया और सीधे घर वापस। अर्थ की मार को दुगना करने वाला निर्णय सामने सिर्फ़ अनिश्चितता दिखा रहा था। फिर से वह पूरी कहानी शुरू करना आसान नहीं था। मन ने ठाना अब घर से ही पढ़ूँगा एक प्रयास और करूँगा। लड़ाई अब मज़ेदार थी। बैठने में थोड़ा समय लगा पर बैठने के बाद मैं उठता नहीं था। लम्बे समय तक बैठा रहता था। बैठे–बैठे बनारस आईआईटी बीएचयू पहुँच गया। जो अब तक के जीवन के सबसे अविस्मरणीय पल थे वह अब आये थे। अगले चार साल जो जिया और जो किया, उसने जीवन को उत्तरायण कर दिया। गंगा की खोज ने समाज के बहुत पास पहुँचा दिया था। अब जो भी करना था, वो किसी–न–किसी तरीक़े से सामाजिक जीवन से जुड़ा रहे। किसी की मदद का माद्दा रहे। संघ लोक सेवा आयोग की तैयारी का निश्चय किया। पर अब अपने पैरों पर खड़े–खड़े सब करना था। आईआईटी बीएचयू से एक अच्छी नौकरी मिली थी। पापा से पूछा। कहीं जाकर तैयारी करना कठिन होता है। पैसे तो लगते ही हैं बहुत ज़्यादा

और सुना था कि यूपीएससी बहुत कठिन परीक्षा है। नौकरी के साथ–साथ प्रयास कर लूँगा।

पापा ने कहा और फिर वही कहा–'देखो त्याग करोगे तो अच्छा पाओगे। सपना देखा है तो उसको पूरा करने का प्रयास पूरे मन से करो।' –ट्रेन इस बार दयोदया से दक्षिण एक्सप्रेस हो गयी थी और रास्ता दिल्ली का था। राजधानी का। बैठते समय मैंने कहा था, 'पापा हम दोनों भाई फिर से यही सब तैयारी वग़ैरह में जुट रहे हैं। निश्चितता नहीं है इसमें और फिर गम्भीर आर्थिक चुनौती फिर से?' –उनका उत्तर बताऊँगा नहीं, बस इतना समझ गया था कि इस देश के किसान के कन्धे जवान के कन्धों से भी ज़्यादा मज़बूत हैं। उनके उत्तर ने अजीब–सा आत्मविश्वास पैदा कर दिया था। उसी आत्मविश्वास पर यूपीए.सी का पहला निर्णय लिया। गणित और भौतिक विज्ञान से ही समाज को समझना उचित लगा। उस समय दो वैकल्पिक विषय चुनने थे। गणित और भौतिक विज्ञान पर दाँव खेला। बहुत सारे मित्रों और वरिष्ठों ने समझाया कि यह उचित नहीं है। बहुत समय लग जायेगा विज्ञान के साथ।

पर विज्ञान तो ज्ञान का भण्डार है। कोटा में गणित और विज्ञान के साथ काटी वो रातें अब काम आने वाली थीं। जुलाई 2012 में शुरू किया था। लगभग 75% प्रतिशत पाठ्यक्रम जब समाप्त होने वाला था तब अचानक एक रात परीक्षा के स्वरूप में आमूलचूल परिवर्तन हो गया। अब एक वैकल्पिक विषय था और बाक़ी पहाड़–सा पाठ्यक्रम अलग। भौतिक विज्ञान और गणित में एक को चुनना था। आँख खोल कर कभी नहीं चुन पाता। बन्द आँख से किताब पर हाथ रखा सामने गणित थी। गणित पर सवार हो चले। पाठ्यक्रम बदला तो विषय बदला और विषय बदला तो मौसम भी बदला और बदलते मौसम में दिल्ली रास नहीं आया। वह डेंगू मौसम और दिल्ली दोनों का दिया हुआ था तो वापस घर को। वापस आते समय एक और विचार कौंध पड़ा,

जिसने तब तक के सबसे अद्‌भुत और कठिन संग्राम को जन्म दिया। विचार था कि पापा कितना भी कहें, इतना वज़न बनाना उचित नहीं है।

इंजीनियरिंग सेवा परीक्षा में तीस दिन बाक़ी थे। इतना बहुत है। अगर इसमें सफल हो गये तो कुछ पैसे का इन्तजाम हो जायेगा। अपने पैरों पर रहते हुए फिर सिविल सेवा निकालेंगे। ये गलत था। अपने पैरों पर तो आप तब भी थे। पापा का तो समर्पण था ही निश्चल। उन्हें बस तुम्हारे कौशल को उसकी सम्पूर्णता में निखारना था। उन्होंने फिर मना किया। और मैंने फिर नहीं मानी उनकी बात। घर वापस जाने से पहले पुरानी दिल्ली में सिविल इंजीनियरिंग की पुरानी किताबें छानीं। वहाँ आज भी बहुत सस्ते में बहुत कुछ मिल जाता है। अब बस अट्ठाईस दिन बचे थे। अगले अट्ठाईस दिन ऐसा चमत्कार किया जो आज तक पचा नहीं पाया हूँ। लगभग पूरा पाठ्यक्रम पढ़ा। लम्बे समय तक बैठने की आदत बहुत उपयोग में आयी। युद्धविराम हुआ।

एक परीक्षा के बाद क़रीब 10–15 दिन तक कुछ सोच नहीं पाता था। बस सोता था। अपना–अपना तरीक़ा होता है, अध्ययन–मनन का और लगन से सब होता है। अब तक सिविल सेवा की प्रारम्भिक परीक्षा भी हो चुकी थी। अब लक्ष्य था मुख्य परीक्षा। लिखना अंग्रेज़ी में था। बचपन से हिन्दी में लिखा था। कोटा से लेकर आईआईटी तक सब कुछ पढ़ा अंग्रेज़ी में ही था। पर लिखा नहीं था। अब लिखना था। गद्य और निबन्ध अंग्रेज़ी में कैसे लिखता। सामान्य विषयों के पाठ्यक्रम भी समुद्र जैसे थे। आज से इस आसमान के नीचे जो कुछ हो रहा है उस सब में से कुछ भी पूछा जा सकता है और जो आसमान के ऊपर हो रहा है वह विज्ञान और तकनीकी ज्ञान वाले हिस्से में पूछा जा सकता है। इस सब के ऊपर गणित। नहीं सँभली। गणित रूठ जाती है अगर आप उसे समय न दो तो। उसके साथ न बैठो तो। उसकी समस्याएँ न सुनो तो। उन्हें हल न करो तो।

और जब गणित रूठी तो यूपीएससी भी रूठ गयी। पहला प्रयास असफल हुआ। पापा बगल में ही बैठे थे पर उस चयनित सूची को देख नहीं रहे थे। मैं कुछ बोलता उससे पहले बोल पड़े–'बोला था ना, दुनिया की सबसे कठिन परीक्षा देने गये हो। पहले प्रयास में कभी नहीं होता है। देते रहो। दूसरे प्रयास में सफल रहोगे।' –इतिहास भी गवाह था, दूसरा प्रयास हमेशा कुछ नया लाया था। इस बार फिर एक अजीब निर्णय लिया, गणित को थोड़ा दूर किया। वरिष्ठ और मित्र फिर बोले–'अब सही काम किया है, समाजशास्त्र, भूगोल, इतिहास जैसा विषय लो।' –पर इलाहाबाद और काशी विश्वविद्यालय के पण्डितों के सामने बैठकर भी अगर कोई बोले, नहीं लेंगे ये सब। हम अब सिविल इंजीनियरिंग लेंगे। तो समझ जाइए यह सिर्फ़ रणनीति नहीं थी यह वस्तुतः स्वयं में अटूट विश्वास से उपजे निश्चय पर आधारित निर्णय था।

निर्णय लिया जा चुका था। घर पर ही रहना था। इससे बेहतर मौक़ा नहीं मिलता तो अगले कुछ महीने कुछ कमाया और जो कमाया उसी ने यहाँ तक पहुँचाया। सकारात्मक ऊर्जा में घनघोर विश्वास रखना जीवन को गतिशील बनाये रखता है। ठहरने नहीं देता है आपको। जितनी मेहनत होती थी और जितनी ज़्यादा चुनौती आने लगी थी, उतना आत्मबल बढ़ने लगा था। कमाया था दादाजी का स्नेह, 94 वर्ष की आयु में पैर टूटने के बाद चलना असम्भव होता है। दादाजी और मैं एक साथ थे। यह संघर्ष न उनका अकेला था न मेरा। दोनों को एक–दूसरे में एक साथी नज़र आया। उन्होंने कन्धे पर हाथ रखा तो उनको चलने में सहयोग किया, नित्य कर्म में सहयोग किया। किताबों से परीक्षा उत्तीर्ण करने के लिए, जितना मैं सीखता था उससे कहीं ज़्यादा वह चाय पीते–पीते व्यावहारिक सीख दे देते थे। अब जीवन दिन–रात नहीं सिर्फ़ अध्ययन और दादाजी था। एक पहर पढ़ना था तो दूसरे पहर उस विशाल

वृक्ष को धीरे–धीरे टूटते देखना था, उनका कष्ट कम करने की हर कोशिश करना था।

जब वट वृक्ष की छाँह आप पर हो तब आप तैयारी कर सकते हैं। उस छाँह में परिपक्व हो सकते हैं। सिविल इंजीनियरिंग सा विशाल वैकल्पिक विषय उसी छाँह में पक रहा था। सामान्य अध्ययन के विषयों में व्यावहारिक कुशलता का समावेश हो रहा था। निबन्ध लिखने के अभ्यास में उस विशाल वृक्ष की जीवन की धारा निबन्ध को धाराप्रवाह बना रही थी। प्रारम्भिक परीक्षा की सफलता ने राजधानी की ओर फिर मोड़ा। अन्तिम दो महीने बचे थे, मुख्य परीक्षा में। अब तैयारी को धार देना था। राजधानी पहुँचे ही थे कि त्रिलोक भैया का फ़ोन आया–'यूपीएससी मुख्य परीक्षा दे रहे हो ना? मैं भी दिल्ली आ गया हूँ। साथ रहते हैं।' –ये संयोग नहीं था। त्रिलोक बंसल अपने आप में बड़ा नाम थे, हमारे आईआईटी बीएचयू की विरासत के। यूपीएससी की दुनिया में बहुत नाम था। मैंने कहा–'अवश्य भैया।' –मैंने अपनी आर्थिक चुनौती को देखते हुए उनको परेशान भी किया। कमरा सस्ता होने की प्राथमिकता मेरी थी उनकी नहीं। वह रेलवे के बड़े अधिकारी थे। फिर भी उन्होंने सहर्ष स्वीकारा।

अगले कुछ दिन जो भी धार मिली, उन्हीं की दी हुई धार थी वह। मित्रों का बड़ा समूह था, है भी। उन सबने जितना सिखाया, उस पर एक हास्य महाकाव्य लिखा जा सकता है। हास्य इसलिए क्योंकि उनके सिखाने के तरीक़े मित्रवत और हास्य से परिपूर्ण होते थे। सब अपने आप में एक संस्थान हैं, राहुल, अमन, सिंगला, अनन्त, अमित, नीरज, विभूति, रंजीत भैया... सब के सब। आज सभी किसी–न–किसी बृहद् रूप में देश की सेवा कर रहे हैं। इन्हीं के दम पर मुख्य परीक्षा सम्पन्न हुई और उसमें सफल भी हो गये। अब व्यक्तित्व परीक्षण अर्थात इंटरव्यू की बारी थी।

हर छोटे भाई के लिए सबसे ज़्यादा प्रभावशाली व्यक्तित्व उसके बड़े भाई का होता है, सो मेरे लिए भी वही थे। इंटरव्यू के मार्गदर्शन के लिए उनसे अच्छा कौन हो सकता था? भैया ने वो सब किया जो मुझे आगे बढ़ाता, कुछ बेहतर करने के लिए प्रेरित करता। उन्होंने मेरे भीतर के डर को भगाया, वह आज भी मेरे डर को भगा रहे हैं। उन्होंने मुझे हिम्मत वाला बनाया। वह आत्मविश्वास दिया, जिससे कठिन सवालों का सामना कर पाऊँ।

दरवाज़े पर बैठा था। घण्टी बजते ही अन्दर जाना था, इंटरव्यू होने वाला था। बहुत आशंकित और अनिश्चित था। पर आत्मविश्वास बढ़ गया था। 20 दिन पहले ही 28 दिन की ताबड़तोड़ मेहनत सफल हुई थी। इंजीनियरिंग सेवा परीक्षा में चयन हो गया था। पचासवाँ स्थान आया था। इसी विश्वास पर सवार होकर कमरे में प्रवेश किया। पर इस सबसे दूर भैलवारा, हमारा गाँव, वहाँ खेत पर बैठ पापा मुस्करा रहे थे। उनको पूर्ण विश्वास था। उनका विश्वास अन्तिम परीक्षाफल के दिन पता चला। सबको अनुमान था, एक–दो दिन में अन्तिम चयनित सूची आने वाली है। 4 जुलाई के दिन के क़रीब 1 बजे मैंने फ़ोन किया, अनावश्यक समय पर अनावश्यक बात करने के लिए पापा को फ़ोन लगाने की हिम्मत कभी नहीं हुई। पर पापा समझ गये थे, फ़ोन उठाते ही बोले कितनी रैंक आयी? चयनित सूची में नाम देखकर अभी तक सुन्न ही था कि पापा के सवाल ने और सुन्न कर दिया–'आपको पता है पापा?', 'हाँ! बस रैंक बताओ।', '193 आई।', 'ख़ुश रहो। घर आओ।' –सामने माँ बैठी थी। जो पिछले बीस साल से अपने जीवन के हर सोमवार को हम सबकी पढ़ाई और अच्छे जीवन के लिए जी रही थीं। हम दोनों माँ–बेटे एक साथ आँखों में आँसू लाकर रोये। मैं उनके चरणों में था और उनका हाथ शीश पर। वह आँसू ख़ुशी के नहीं थे, संघर्ष के आँसू थे वह...।

वह आँसू उस संघर्ष के थे, जो उन्होंने अपने पूरे जीवन में किया था, सिर्फ़ इसलिए कि हम अच्छे इन्सान बन सकें। उन्हें अब आशा थी, देश की इतनी महत्त्वपूर्ण परीक्षा में सफल हुआ है तो जीवन की बाक़ी परीक्षाएँ भी लड़ ही लेगा। पापा को फ़ोन लगाने के क़रीब 50–60 दिन पहले दादाजी स्वर्ग सिधार गये थे। मुस्करा रहे थे वहीं से, शाबाश कभी नहीं बोलते थे। जब भी कक्षा में अच्छे अंक लाता था, तब भी बस अन्दर ही अन्दर गर्व करते थे। उनके चेहरे से कभी नहीं झलकता था कि आपसे ख़ुश हैं। वह बड़े खुद्दार थे और अनुशासनप्रिय भी। अनुशासन का पालन कैसे करवाना होता है, वह जानते थे। उसी अनुशासन से एक छोटी–सी सफलता मिली थी। सफ़र को क़रीब 9–10 साल हो चुके थे। पहली बार कोटा के लिए दयोदया एक्सप्रेस में 14 साल की उम्र में बैठा था और अब 23 साल की उम्र में भारतीय पुलिस सेवा का चिह्न कन्धे पर लगाकर प्रशिक्षण के लिए निकलना था। एक नये अध्याय की शुरुआत हो चुकी थी, बस उसके पन्ने खुलने अभी बाक़ी थे। जीवन को जब बृहद् स्वरूप में देखो तो सब छोटे–छोटे हिस्से नज़र आते हैं। लेकिन ये छोटे हिस्से और उनमें बसे क़िस्से ही भविष्य की रूपरेखा निर्धारित करते हैं। अभी सिर्फ़ एक परीक्षा उत्तीर्ण की थी। जिसमें अन्दर प्रवेश कर कुछ नया ही समझ आया। जो सुना था वैसा कुछ भी नहीं था यहाँ। अब जीवन प्रतिदिन परीक्षा लेने वाला था। उत्तीर्ण होकर उत्तरदायित्व मिला था। बहुत सारी बड़ी चुनौतियाँ सामने इन्तज़ार कर रही थीं।

□□